THEOLOGISCHE MEDITATIONEN

HERAUSGEGEBEN VON HANS KÜNG

50

HEINZ ZAHRNT

STAMMT GOTT VOM MENSCHEN AB?

BENZIGER VERLAG

4. AUFLAGE 1986, 13. TAUSEND

HERGESTELLT IM GRAPHISCHEN BETRIEB

BENZIGER EINSIEDELN

ISBN 3 545 27050 5

INHALT

ZUR RELIGIONSKRITIK VON FEUERBACH, MARX UND FREUD

Immer wieder kann man es erleben: Da hat man irgendwo einen Vortrag über irgendein Thema des christlichen Glaubens gehalten. Die Diskussion ist eröffnet, Fragen werden gestellt, Antworten gegeben, Argumente getauscht – da steht mit einem Mal ein Teilnehmer auf und fragt ins Auditorium hinein: «Was aber nun, wenn aller Gottesglaube des Menschen nur eine Illusion wäre, nur ein Entwurf seiner eigenen Wünsche an den Himmel?» Diese Frage zielt nicht mehr nur auf einzelnes, sondern geht auf das Ganze. Hier wird der *Verdacht der Projektion* ausgesprochen: daß womöglich nicht Gott den Menschen nach seinem Bild geschaffen habe, sondern umgekehrt die Menschen Gott nach ihrem Bild oder dann wohl richtiger, die Götter nach ihren Bildern.

Die Geburt Gottes aus dem Geist oder der Seele des Menschen – das ist heute, nebst dem vielen Leid in der Welt, wahrscheinlich der bedrohlichste Einwand gegen den christlichen Gottesglauben.

Dieser Vorwurf der Projektion kommt gebündelt von der Philosophie, der Soziologie und der Psychologie, von Feuerbach, Marx und Freud und ihren Nachfahren. Aber ob *Ludwig Feuerbach* behauptet, daß der Mensch die Religion aus sich selbst produziere, indem er sich in seinen Göttern vorstellt, was er selbst nicht ist, aber zu sein wünscht; ob *Karl Marx* in der Religion den ideologischen Überbau der bestehenden gesellschaftlichen Verhältnisse, den «Heiligenschein einer verkehrten Welt» erblickt; ob für *Sigmund Freud* der persönliche Gott psychologisch nichts anderes als ein erhöhter irdischer Vater und die Religion entsprechend eine «allgemein menschliche Zwangsneurose» ist – im Grunde handelt es sich, bei aller Verschiedenheit der Begründungen im einzelnen, jedesmal um dasselbe Denkschema, um die Umkehrung der göttlichen Offenbarung «von oben nach unten» in eine menschliche Einbildung «von unten nach oben». Dabei bedienen sich alle drei Kritiker derselben analytischen Methode. Indem sie die *Entstehung* der Religion historisch zu erklären suchen, hoffen sie, ihre *Wahrheit* zu widerlegen. Motiv und Substanz der Religion hängen hier eng zusammen: Läßt sich das Motiv einer religiösen Vorstellung rational erklären, so löst sich damit ihre Substanz von selbst auf.

Das Ergebnis ist in allen drei Fällen – bei Feuerbach, Marx und Freud – dasselbe: Die Gottesvorstellung mit allem, was in der Religionsgeschichte zu ihrer Ausstattung hinzugehört, ist nur eine Spiegelung des Menschen, seines individuellen Wesens und seiner sozialen Verhältnisse. Der Gottesglaube bezieht sich demnach nicht auf eine Wirklichkeit, sondern er beruht auf einer Illusion.

Daraus ergibt sich wiederum auch das gemeinsame Ziel dieser dreifachen Religionskritik: Es gilt, endlich die wahre Menschlichkeit des Menschen zu entdecken und zu verwirklichen! Zu diesem Behufe aber muß die durch die Religion bedingte Selbstentfremdung des Menschen rückgängig gemacht, die Religion mithin aufgehoben werden.

So stammt alle moderne Religionskritik aus der *Sorge um die Wirklichkeit:* Es geht ihr in einem um die Erhaltung bzw. Wiedergewinnung der *Weltlichkeit der Welt* und die Bewahrung bzw. Wiederherstellung der *Menschlichkeit des Menschen.* Damit erweist ihr Atheismus sich als ein radikaler Humanismus.

Die christliche Theologie wird durch die neuzeitliche Religionskritik und ihren Verdacht der Projektion zu einer neuen Besinnung auf die Frage nach dem *Wirklichkeitsgehalt des Gottesglaubens* genötigt: welche Wirklichkeit dem Glauben entspricht, ob ihm überhaupt eine Wirklichkeit entspricht, und was der Glaube für die Menschlichkeit des Menschen austrägt, warum der Mensch ohne Gott nicht wahrhaft Mensch sein kann. Und es bleibt ihr gar nichts anderes übrig, als der Wegweisung zu folgen: «Es gibt keinen andern Weg für Euch zur Wahrheit und Freiheit als durch den Feuer-bach. Der Feuerbach ist das Purgatorium der Gegenwart.»

DIE HERAUSFORDERUNG DES GOTTESGLAUBENS DURCH DIE MODERNE RELIGIONSKRITIK

Feuerbachs historisch-philosophische Kritik

Ludwig Feuerbach ist der Vater des modernen, sich als Humanismus verstehenden Atheismus. Den Ausgangspunkt alles Philosophierens bildet für ihn der Mensch: «Der erste Gegenstand des Menschen ist der Mensch» – aber der Mensch nun nicht nur als isoliertes Individuum, sondern in Gemeinschaft mit dem anderen und im Zusammenhang mit allen anderen. Im einzelnen repräsentiert sich der «allgemeine Mensch», die menschliche Gattung. In diesem Sinn gilt Feuerbach der Mensch als das höchste Wesen, als das Maß aller Dinge – er ist es auch für die Religion.

Feuerbach erklärt die Religion nicht mehr, wie die Enzyklopädisten der Aufklärung, einfach nur plump als Priesterbetrug, sondern tiefer, aus dem Wesen des Menschen, aus seiner Selbstentzweiung. Das menschliche Ich hat Wünsche, die es durch die Außenwelt nicht gedeckt sieht, und es erfüllt sie sich durch Projektionen. Leidend an seiner Abhängigkeit, vor allem von der Natur, und seiner dadurch bedingten Unvollkommenheit und Beschränkung, spaltet der Mensch ein Stück seiner selbst von sich ab und entwirft es an den Himmel, um es von dort, zur Vollkommenheit erhöht, als Gott zurückzuempfangen: «Was er (der Mensch) selbst nicht ist, aber zu sein *wünscht*, das stellt er sich in seinen Göttern als seiend vor; die Götter sind *die als wirklich gedachten, die in wirkliche Wesen verwandelten Wünsche des Menschen;* ein Gott ist der in der Phantasie befriedigte Glückseligkeitstrieb des Menschen.»

Der Gott der Theologie ist mithin nichts anderes als das vergötterte Wesen des Menschen, das dieser sich, mit sich selbst entzweit, außerhalb seiner selbst vorstellt. Damit enthüllt sich alle Theologie als heimliche Anthropologie. Wenn von Gott Liebe, Weisheit, Gerechtigkeit, Dreieinigkeit oder Geist ausgesagt wird, so sind dies in Wirklichkeit keine göttlichen Eigenschaften, sondern nur Spiegelbilder des menschlichen Wesens, ins Jenseits entworfene, überhöhte menschliche Eigenschaften und Wünsche: «Das Bewußtsein Gottes ist das Selbstbewußtsein des Menschen, die Erkenntnis Gottes die Selbsterkenntnis des Menschen.» Daß der Mensch fähig ist, das Unendliche zu denken, ist noch kein Beweis für die Existenz eines unendlichen Gottes. Im Bewußtsein des Unendlichen ist dem Menschen nur die Unendlichkeit seines eigenen Wesens bewußt.

So ist alle Religion nur eine Einbildung des Menschen, geboren aus seinem Selbsterhaltungs- und Glückseligkeitstrieb: «Die Grunddogmen des Christentums sind erfüllte Herzenswünsche.» Dieses Wunschdenken des Menschen wendet sich vor allem gegen die Begrenzung seines Lebens durch den Tod – damit wird das Grab vornehmlich zur «Geburtsstätte der Götter».

Indem der Mensch Gott nach seinen Wünschen bildet und ihn mit den Schätzen seines eigenen Innern ausstattet, entäußert er sich selbst und verarmt. Und so ist die Religion, die Selbstanbetung des Menschen, zugleich seine *Selbstentfremdung*. Diese Selbstentäußerung und Selbstentfremdung des Menschen gilt es rückgängig zu machen und seine innere Zerrissenheit und Selbstentzweiung zu heilen. Eben dies ist Feuerbachs leidenschaftliche Absicht. Als Zweck seiner Schriften und Vorlesungen bezeichnet er es, «die Menschen aus Theologen zu Anthropologen, aus Theophilen zu Philanthropen, aus Kandidaten des Jenseits zu Studenten des Diesseits, aus religiösen und politischen Kammerdienern der himmlischen und irdischen Monarchie und Aristokratie zu freien, selbstbewußten Bürgern der Erde zu machen».

Feuerbach will die Menschen aus dem Wunschtraum der Religion, den sie träumen, aufwecken und ihnen «ihre einwärts gekehrten Augen auswärts richten» und sie für ihre eigene, wahre Wirklichkeit öffnen, indem er ihnen zeigt, daß das göttliche Wesen, zu dem sie emporschauen, das sie verehren, in Wirklichkeit nichts anderes als ihr eigenes menschliches Wesen ist. Wo der Mensch sich die auf Gott übertragenen Wesenszüge wieder selbst aneignet, dort kehrt er aus seiner unwirklichen Wunsch- und Traumwelt in seine eigene wahre Wirklichkeit zurück, dort ist er von seiner Selbstentzweiung geheilt und wird sich selbst zum höchsten Wesen – zum Gott.

Eben dies bezeichnet Feuerbach dann auch als das letzte Ziel seiner Religionskritik, als die Position hinter seiner Negation Gottes: «*Homo homini Deus est* – das ist der oberste praktische Grundsatz –, dies der Wendepunkt der Weltgeschichte. Die Verhältnisse des Kindes zu den Eltern, des Gatten zum Gatten, des Bruders zum Bruder, des Freundes zum Freund, überhaupt des Menschen zum Menschen, kurz, die *moralischen* Verhältnisse sind an und für sich selbst *wahrhaft religiöse Verhältnisse*. Das *Leben ist* überhaupt in seinen *wesentlichen* Verhältnissen durchaus göttlicher Natur.»

So landet Feuerbach, indem er das Wesen des Menschen oder richtiger die Menschheit als Gattung vergöttert, selbst wieder bei der Religion.

Marx' historisch-soziale Kritik

Für Karl Marx bildet die Kritik der Religion «die Voraussetzung aller Kritik» – aber er sieht diese Kritik im wesentlichen für beendigt an. Der Atheismus ist für ihn eine Selbstverständlichkeit, über die man eigentlich nicht mehr eigens zu diskutieren braucht. Darum nimmt in Marx' literarischem Gesamtwerk die kritische Auseinandersetzung mit der Religion auch nur einen verhältnismäßig geringen Raum ein, einen weit geringeren, als man angesichts des radikalen antireligiösen Charakters des «Marxismus» annehmen sollte.

Marx ist Atheist schon beinahe von Jugend an gewesen, und auch literarisch hat er sich mit der Religion schon sehr bald kritisch auseinandergesetzt, grundsätzlich und ein für allemal in jener unvollendet gebliebenen Arbeit, die den Titel «Zur Kritik der Hegelschen Rechtsphilosophie, Einleitung» trägt. Man könnte dieses nur wenige Druckseiten umfassende Fragment eine «geballte Ladung» nennen, denn es enthält bereits alles, was

Marx kritisch gegen die Religion einzuwenden hat, präzise formuliert, überdies glänzend geschrieben, von großer sprachlicher Kraft, ja beinahe Schönheit. Alles Spätere ist nur Ausweitung und Entfaltung der hier gebotenen Argumentation. Mit Recht urteilt die Sowjetenzyklopädie: «Hier finden wir die grundlegenden Thesen der marxistischen Theorie, in der die Religion als eine verkehrte phantastische Widerspiegelung betrachtet wird.»

Geleitet von dieser Grundlegung, läßt Marx' Religionskritik sich in vier Leitsätzen formulieren.

Erstens: Die Religion ist eine Schöpfung des Menschen. – Klipp und klar erklärt Marx: «*Der Mensch macht die Religion,* die Religion macht nicht den Menschen.» Und zwar spiegelt die Religion «das Selbstbewußtsein und das Selbstgefühl des Menschen, der sich selbst entweder noch nicht erworben und (oder) schon wieder verloren hat». Als Ausdruck solcher Selbstentzweiung ist die Religion nicht die wahre, sondern die «phantastische Verwirklichung» des menschlichen Wesens: in ihr tritt dem Menschen sein ihm entfremdetes Selbst als Gott gegenüber. Mit alldem knüpft Marx bewußt an Feuerbach an. Feuerbachs Projektionstheorie bildet das philosophische Fundament seiner Religionskritik. Insofern kann Marx seine Einleitung «Zur Kritik der Hegelschen Rechtsphilosophie» mit der Feststellung beginnen: «Für Deutschland ist die Kritik der Religion im wesentlichen beendigt.» Aber eben dieses Ende weist zugleich auf einen neuen Ansatz hin.

Zweitens: Die Religion ist der Ausdruck des Elends des Menschen. – Mit diesem Gedanken tut Marx den entscheidenden Schritt über Feuerbach hinaus, indem er nach den gesellschaftlichen Bedingungen fragt, welche die Entstehung von Religion verursachen. Was er an Feuerbach kritisiert, ist, daß er den Menschen als ein «abstraktes, außer der Welt hockendes Wesen» auffaßt und dabei seine Gesellschaftlichkeit zu wenig beachtet. Marx dagegen erklärt den Menschen als ein durch und durch gesellschaftliches Wesen. Der Mensch ist nicht ohne seine Welt zu denken; er ist immer so, wie die Welt beschaffen ist, in der er lebt: «Der Mensch, das ist *die Welt des Menschen*, Staat, Sozietät.» Und so liegt auch hier die Ursache für die Entstehung der Religion: «Dieser Staat, diese Sozietät produzieren die Religion, ein *verkehrtes Weltbewußtsein*, weil sie eine *verkehrte Welt* sind. Die Religion ist die allgemeine Theorie dieser Welt ..., ihr allgemeiner Trost- und Rechtfertigungsgrund.» Später wird Marx in der 6. und 7. seiner «Thesen über Feuerbach» diesem vorwerfen: «Feuerbach löst das religiöse Wesen in das menschliche Wesen auf. Aber das menschliche Wesen ist kein dem einzelnen Individuum innewohnendes Abstraktum. In seiner Wirklichkeit ist es das Ensemble der gesellschaftlichen Verhältnisse ... Feuerbach sieht daher nicht, daß das ‹religiöse Gemüt› selbst ein gesellschaftliches Produkt ist und daß das abstrakte Individuum, das er analysiert, einer bestimmten Gesellschaftsform angehört.»

Erst indem Marx die Religion historisch mit der Klassengesellschaft in Verbindung bringt, erhält die Kritik an ihr gesellschaftliche und politische Relevanz und damit ihre kämpferische Wucht. Die Welt, in der der Mensch lebt, ist «verkehrt», und eben diese «verkehrte Welt» wird durch die Religion sanktioniert, indem sie sie theoretisch, logisch, moralisch und erbaulich rechtfertigt. Damit erweist die Religion sich als ein «verkehrtes Weltbewußtsein». Die im Staat und in der Gesellschaft Herrschenden sind um ihrer Selbsterhaltung willen an der Erzeugung und Bewahrung dieses verkehrten Weltbewußtseins aufs höchste interessiert. Durch die Vorspiegelung eines «illusorischen Glücks» suchen sie das Volk sein wirkliches Elend vergessen zu machen, damit es seine Ketten um so geduldiger trage. Gar nicht genug Bilder kann Marx häufen, um diesen täuschenden, einschläfernden Charakter der Religion zu beschreiben, und so nennt er sie das «geistige Aroma der Welt», das «Opium des Volks», den «Heiligenschein des Jammertales», die «imaginären Blumen an der Kette».

Drittens: Die Religion ist zugleich der Protest gegen das Elend des Menschen. – Obwohl die Religion dem Volk nur ein illusorisches Glück verspricht, steckt in dieser Illusion doch immerhin ein Aufbegehren gegen das gegenwärtige Elend und eine Hoffnung auf künftige Befreiung. Darum nennt Marx die Religion nicht nur verächtlich ein Aroma und Opium, sondern bezeichnet sie zugleich als den «Seufzer der bedrängten Kreatur», als das «Gemüt einer herzlosen Welt», als den «Geist geistloser Zustände» – wodurch ihr Charakter als eine ohnmächtige Täuschung und Illusion jedoch in keiner Weise aufgehoben wird!

Viertens: Die Religion muß um der Wiederherstellung der wahren Menschlichkeit des Menschen willen durch die Aufhebung der verkehrten Verhältnisse, in denen sie gründet, überwunden werden. – Bedeutet die Religion eine Illusion und Täuschung des Menschen, so bedarf es zu ihrer Überwindung der Desillusionierung und Enttäuschung; und ist die Religion das Bewußtsein einer verkehrten Welt und die Vorspiegelung eines illusorischen Glücks, dann verlangt ihre Aufhebung den Kampf gegen diese verkehrte Welt und die Herstellung des wirklichen Glücks für den Menschen. «Die Aufhebung der Religion als des *illusorischen* Glücks des Volkes ist die Forderung seines *wirklichen* Glücks. Die Forderung, die Illusionen über seinen Zustand aufzugeben, ist die *Forderung, einen Zustand aufzugeben, der der Illusion bedarf.* Die Kritik der Religion ist also im *Keim* die *Kritik des Jammertales,* dessen *Heiligenschein* die Religion ist.»

Nicht das ist schon falsch, daß der Mensch Wünsche hat und sein Glück sucht – er soll auch weiterhin sein Glück suchen, aber er soll seine Wünsche nicht mehr an einen imaginären eingebildeten Himmel projizieren und ihre Erfüllung von dem Eingreifen eines nicht vorhandenen Gottes erwarten, sondern er soll sie selber in die Hand nehmen und sie zu handfesten Inhalten seines eigenen Denkens und Handelns, seines menschlichen Planens und Arbeitens machen: «Die Kritik der Religion enttäuscht den Menschen, damit er denke, handle, seine Wirklichkeit gestalte wie ein enttäuschter, zu Verstand gekommener Mensch, damit er sich um sich selbst und damit um seine wirkliche Sonne bewege.»

Statt einer illusorischen jenseitigen Wahrheit nachzuhängen, soll der Mensch die «Wahrheit des Diesseits» etablieren – darin sieht Marx die «Aufgabe der Geschichte». Und so führt die Kritik an der Religion bei ihm wie von selbst ins politische Handeln – zum Kampf gegen jene verkehrte Welt, deren Heiligenschein die Religion ist: «Die Kritik des Himmels verwandelt sich damit in die Kritik der Erde, die *Kritik der Religion* in die *Kritik des Rechts*, die *Kritik der Theologie* in die *Kritik der Politik*.»

Das praktische Fazit von Marx' historisch-sozialer Religionskritik ist die soziale Revolution: «Die Kritik der Religion endet mit der Lehre, daß der *Mensch das höchste Wesen für den Menschen* sei, also mit dem *kategorischen Imperativ, alle Verhältnisse umzuwerfen*, in denen der Mensch ein erniedrigtes, ein geknechtetes, ein verlassenes, ein geächtetes Wesen ist.» Wo dieser Zustand erreicht ist, d.h. wo durch die Aufhebung des gegenwärtigen Zustandes der Mensch das höchste Wesen für den Menschen geworden ist, dort ist das Ende der Religion gekommen. Denn mit der Aufhebung der verkehrten Welt und der dadurch ermöglichten Menschwerdung des Menschen ist die Religion «grundlos» geworden und stirbt von selbst ab.

Der Atheismus gehört zum Marxismus von seinem Ursprung her. Ohne Atheismus wäre der Marxismus kein Marxismus mehr, ebensowenig wie das Christentum ohne Gottesglauben noch Christentum. Der Grund dafür, daß der Atheismus wesenhaft zum Marxismus gehört, liegt darin, daß der Marxismus sich als radikaler

Humanismus versteht. «Radikal» heißt für Marx, daß die Wurzel für den Menschen der Mensch selbst ist. Es geht Marx also primär nicht darum, daß kein Gott sei, sondern daß der Mensch Mensch sei – aber eben damit der Mensch Mensch sein kann, darf kein Gott sein! Der Glaube an Gott ist des Menschen Feind, weil der Mensch durch die Projektion seiner Wünsche an den Himmel und damit durch die Verschleuderung seiner Energien für ein illusorisches Jenseits daran gehindert wird, sich zu seinem vollen Menschsein im Diesseits zu entfalten. Auf diese Weise wird das Ziel aller Geschichte, die Menschwerdung des Menschen, vereitelt, ihr Fortschritt zum Stillstand gebracht. Eben darum erklärt Marx die Kritik der Religion als die «Voraussetzung aller Kritik», und darum ist der Marxismus als ein «Programm des Menschen» bewußt ein «Programm gegen Gott» (Milan Machoveč).

Freuds historisch-psychologische Kritik

Sigmund Freud hat sich selbst einen Feind der Religion «in jeder Form und Verdünnung» genannt. Er hat diese Feindschaft sein Leben lang praktiziert, indem er schon früh seine psychoanalytische Theorie auch auf die Religion anwandte, um auf diese Weise ihre Entstehung rational zu erklären und durch solche Erklärung ihren Inhalt als eine «Illusion» abzutun. Freud schreibt von sich selbst einmal: «Ich habe nichts gesagt, was nicht andere, bessere Männer viel vollständiger, kraftvoller und eindrucksvoller vor mir gesagt haben... Ich habe bloß – dies ist das einzig Neue an meiner Darstellung – der Kritik meiner großen Vorgänger etwas psychologische Begründung hinzugefügt.»

Freud erklärt die Religion aus dem Ödipuskomplex, also aus der Vaterbeziehung des Menschen, und er diagnostiziert sie demgemäß – nach dem Muster der neurotischen Symptome des Individuums – als eine universelle Zwangsneurose: «Gott ist der erhöhte Vater, die Vatersehnsucht ist die Wurzel des religiösen Bedürfnisses.»

Freuds Kritik der Religion spielt sich, bildlich gesprochen, immer auf derselben Bühne ab, auf den Brettern der Psychoanalyse, jedoch hintereinander gestaffelt in drei Stadien, gleichsam vorn an der Rampe, sodann auf der Mittelbühne und schließlich hinter den Kulissen, wobei die Sehnsucht nach dem Vater das durchgehende Motiv bildet.

Das erste Stadium, sozusagen die Kritik an der Rampe – chronologisch übrigens Freuds letzte und zugleich heftigste Bestreitung der Religion – fällt entsprechend vordergründig aus: Um sich gegen die Übermächte der Natur und des Schicksals zur Wehr zu setzen, hat der Mensch die Naturkräfte personifiziert und sie zu Mächten erhoben, die ihm Trost spenden, Schutz gewähren, sein bedrohtes Selbstgefühl stärken und ihm also in seiner Hilflosigkeit sein Leben bestehen helfen. Indem der Mensch die Naturkräfte aber in dieser Weise personifiziert, folgt er einem infantilen Vorbild. Er erinnert sich, daß er sich schon einmal in solcher Hilflosigkeit befunden hat, als kleines Kind seinem Elternpaar, vor allem seinem Vater gegenüber. So lag es nahe, die beiden Situationen – die erinnerte Kindheit und die erlebte Gegenwart – einander anzugleichen. Aus diesem Grund macht der Mensch die Naturkräfte auch nicht einfach zu Menschen, mit denen er wie mit seinesgleichen verkehren kann, sondern er gibt ihnen Vatercharakter: er macht sie zu Göttern.

Damit stehen wir auf der mittleren Bühne der Freudschen Religionskritik, bei seiner *ontogenetischen* Erklärung der Religion, d.h. bei ihrem angeblichen Ursprung in den Kindheitserlebnissen des Individuums: Das kleine Kind steht zu seinem Vater in einer eigentümlich ambivalenten Beziehung: zum einen fürchtet es den Vater, zum anderen bewundert es ihn und birgt sich in seinem Schutz. Diese «Vaterzüge» setzen sich im Gottesglauben des Erwachsenen fort: «Wenn nun der Heranwachsende merkt, daß es ihm bestimmt ist, immer ein Kind zu bleiben, daß er des Schutzes gegen fremde Übermächte nie entbehren kann, verleiht er diesem die Züge der Vatergestalt, er schafft sich die Götter, vor denen er sich fürchtet, die er zu gewinnen sucht und denen er doch seinen Schutz überträgt.»

Das Motiv der Vatersehnsucht stammt nun aber nicht erst aus den Kindheitstagen des einzelnen Menschen, sondern bereits von viel weiter her, aus den allerersten Anfangszeiten des Menschengeschlechts. Es handelt sich dabei um eine «archaische Erbschaft», um das «Wiederkehren von längst vergessenen, bedeutsamen Vorgängen in der Urgeschichte der menschlichen Familie». Damit geraten wir gleichsam hinter die Kulissen der Freudschen

Religionskritik, zu seiner *phylogenetischen* Erklärung des Ursprungs der Religion.

Es ist die Geschichte vom Vater der menschlichen Urhorde, den seine Söhne zugleich verehrt und gehaßt, den sie schließlich erschlagen und verzehrt haben und den sie dennoch nie losgeworden sind. Jener Urvater ist nach Freud «das Urbild Gottes, das Modell, nach dem spätere Generationen die Gottesgestalt gebildet haben». Während die meisten Schüler Freuds diese Theorie ihres Meisters in ihrer Bedeutung herunterzuspielen suchen, weil sie ihnen peinlich oder überholt erscheint, hat Freud selbst, trotz aller Kritik, sein Leben lang an ihr als einem konstitutiven Element seines Gesamtsystems festgehalten. Darum mag er seine Geschichte von «Totem und Tabu» hier auch selbst erzählen:

«Der Vater der Urhorde hatte als unumschränkter Despot alle Frauen für sich in Anspruch genommen, die als Rivalen gefährlichen Söhne getötet und verjagt. Eines Tages aber taten sich diese Söhne zusammen, überwältigten, töteten und verzehrten ihn gemeinsam, der ihr Feind, aber auch ihr Ideal gewesen war. Nach der Tat waren sie außerstande, sein Erbe anzutreten, da einer dem anderen im Wege stand. Unter dem Einfluß des Mißerfolgs und der Reue lernten sie, sich miteinander zu vertragen, banden sich zu einem Brüderclan durch die Satzungen des Totemismus, welche die Wiederholung einer solchen Tat ausschließen sollten, und verzichteten insgesamt auf den Besitz der Frauen, um welche sie den Vater getötet hatten. Sie waren nun auf fremde Frauen angewiesen; dies ist der Ursprung der mit dem Totemismus eng verknüpften Exogamie. Die Totemmahlzeit war die Gedächtnisfeier der ungeheuerlichen Tat, von der das Schuldbewußtsein der Menschheit (die Erbsünde) herrührte, mit der soziale Organisation, Religion und sittliche Beschränkung gleichzeitig ihren Anfang nahmen.»

So ist die Religion für Freud «geboren aus dem Bedürfnis, die menschliche Hilflosigkeit erträglich zu machen» und «erbaut aus dem Material der Erinnerungen an die Hilflosigkeit der eigenen und der Kindheit des Menschengeschlechtes». Mit der Aufdeckung dieser ihrer Psychogenese aber erweist die Religion sich als eine Illusion, als die vorweggenommene Erfüllung der «ältesten, stärksten, dringendsten Wünsche der Menschheit» – «das Geheimnis ihrer Stärke ist die Stärke ihrer Wünsche».

Daher bleibt, wer Religion hat und an Gott glaubt, sein Leben lang in Abhängigkeit von der zugleich bedrohenden und schützenden Vaterfigur seiner Kindheit. Und das hindert ihn daran, ein selbständiges Ich zu werden. Mit anderen Worten: er bleibt infantil. Freud zögert dann auch nicht, die Religion als «psychischen Infantilismus» zu bezeichnen.

Aber «der Mensch kann nicht ewig Kind bleiben», trumpft Freud auf, «er muß endlich hinaus, ins ‹feindliche Leben›.» Darum bedarf es der Desillusionierung der Religion durch «Erziehung zur Realität». Der Mensch muß sich freimachen von jeder als bedrohend oder als beschützend empfundenen Autorität; er muß sich ganz auf sich selbst stellen und seine Vernunft voll entfalten. Die Abwendung von der Religion vollzieht sich mit der Unerbittlichkeit eines Wachstums- und Reifeprozesses.

Mit der rationalen Aufdeckung ihrer unbewußten Motive wird die Religion für den Menschen von selbst überflüssig; man kann einen Menschen von der Religion heilen wie von einer Neurose. Freud verspricht sich davon das endliche Erwachsenwerden der Menschheit.

DIE ANTWORT AUF DIE HERAUSFORDERUNG DES CHRISTLICHEN GOTTESGLAUBENS DURCH DIE MODERNE RELIGIONSKRITIK

Alles Reden von Gott, ob christlich oder nichtchristlich, muß heute durch den «Feuerbach» der neuzeitlichen Religionskritik hindurch und sich mit dem Projektionsverdacht auseinandersetzen. Die notwendigen kritischen Überlegungen dazu lassen sich unter fünf Gesichtspunkte ordnen: anthropologisch – historisch – biblisch – theologisch – politisch.

Der anthropologische Befund

1. Überlegung: Es gibt keine Möglichkeit einer absoluten Reinigung von dem Verdacht der Projektion.

Dies gilt nicht nur für den Gottesglauben, sondern für jeden Glauben, jede Liebe, jede Hoffnung, überhaupt für jede menschliche Erfahrung. Jemand mag noch so sehr beteuern, daß er an Gott glaube, daß er sein Vaterland liebe, daß er auf eine neue Gesellschaft hoffe, daß er an einem Menschen hänge und diesen Glauben, diese Liebe, diese Hoffnung mit noch so vielen Taten bewähren – immer kann ihm ein anderer mit dem Einwand in den Weg treten, dies alles sei doch nur eine Einbildung von ihm, in Wahrheit projiziere er nur sich selbst in sein Gegenüber, in das Objekt seines Glaubens, Liebens, Hoffens. Am Ende bleibt uns daher immer nur die Berufung auf unsere eigene Erfahrung und die durch sie begründete Gewißheit. Dabei ist niemand vor sich selber sicher. Darum kann nicht nur das Christentum, sondern auch die marxistisch-leninistische Ideologie zum «Opium des Volks» werden. Wahrheit gibt es immer nur im Streit um die Wirklichkeit: wer sie in der rechten Weise wahrnimmt.

2. Überlegung: Angesichts des Problems der Projektion befinden wir uns in einem Dilemma, das wir nicht rational lösen, sondern nur existentiell bestehen können.

Der Mensch kann nichts erleben und verstehen, ohne es ins Wort zu fassen. Wie sich dem König Midas alles, was er anrührte, in Gold verwandelte, so bildet sich dem Menschen alles, was er erkennt und erfährt, ins Wort. Mit dem Wort aber stellt sich zugleich das Bild ein. Es gibt keine Sprache ohne Bilder, oder wir müßten uns bei unseren Versuchen, die Wahrheit auszudrücken, auf mathematische Formeln beschränken – das würde das Ende jeder menschlichen Kommunikation bedeuten.

Aber eben diese Nötigung zum Bildermachen führt uns ins Dilemma. Zum Beispiel: Wenn ich einen Freund habe – soll ich mir von ihm ein Bild machen oder nicht? Beides scheint gleich unmenschlich zu sein. Mache ich mir von dem Freund kein Bild, so bleibt unsere Freundschaft rein im Abstrakten, ohne Gedenken und Erinnern, ohne lebendige gegenseitige Teilnahme; im Grunde überläßt hier jeder den andern sich selbst. Mache ich mir hingegen von dem Freund ein Bild, so laufe ich Gefahr, ihn zu fixieren oder gar zu manipulieren, indem ich ihn auf meine Vorstellungen und Wünsche festlege und ihn so seines Eigenseins beraube. Die Folge wird sein, daß unsere Freundschaft erstarrt oder sogar stirbt, weil das Bild, das ich mir von dem Freund gemacht habe, diesen an seiner freien Entfaltung hindert, mir selbst aber die Chance zu einer neuen, offenen Begegnung mit ihm nimmt.

3. Überlegung: Der Mensch ist das fragende Wesen in der Welt, das nicht aufhören kann, immer neu über sich hinaus zu fragen und so sich ständig zu transzendieren.

Nichts charakterisiert den Menschen so sehr wie dies, daß er fragt – das unterscheidet ihn von allen Wesen, die wir kennen. Zuerst fragt er, an der Oberfläche der Wirklichkeit entlanggleitend, was er essen, trinken, anziehen, was er lernen, arbeiten, schaffen soll, wie er sich erholen und vergnügen kann und was er für dies alles zahlen muß und bezahlt bekommt. Das alles sind gute und ehrliche Fragen, und niemand soll sie schlechtmachen. Aber auf die Dauer befriedigen sie den Menschen nicht. Darum fragt er, die Oberfläche der Wirklichkeit durchstoßend, weiter, woher er kommt und wohin er geht, was er ist und sein soll und was ihm bleibt. Zuletzt fragt er, alle Schichten der Wirklichkeit durchdringend, nach der letzten Wirklichkeit: Was ist der Grund und Sinn allen Seins? Wozu bin ich da? Warum ist überhaupt etwas da?

Diese «radikale Fraglichkeit» des Menschen bezeugt zugleich seine «Fragwürdigkeit» und seine «Fragfähigkeit». Seine *Fragwürdigkeit:* er ist seinem wahren Sein entfremdet und darum noch nicht das, was er sein soll; seine *Fragfähigkeit:* nur weil er seinem wahren Sein entfremdet ist, kann er überhaupt nach dem Sein fragen. Und so treibt es ihn, immer weiter über alles Bekannte und Vorhandene hinauszufragen in das noch Unbekannte und Offene hinein.

In der Fragfähigkeit des Menschen verrät sich, daß er in seiner Existenz auf ein *Ganzes* angelegt ist, das er immer neu in Projektionen anzugehen sucht. Der Mensch könnte gar nicht nach dem Ganzen, ja überhaupt nicht nach der Wirklichkeit der Welt und der Bestimmung seines Daseins fragen, wenn von alldem nicht schon etwas in seiner eigenen Existenz anwesend wäre. Er kann immer nur nach einer Wirklichkeit fragen, in deren Erfahrung er schon steht; er kann immer nur über sich hinaus nach dem tragenden Grund und Sinn aller Wirklichkeit fragen, wenn er sich selbst davon bereits getragen weiß. Ihn würde dies alles nichts «angehen», wenn er davon nicht schon «angegangen» wäre.

So erweist sich der Mensch gerade in seinen Fragen als ein «Angewiesener». Er könnte nicht, auf Antwort vertrauend, fragen, wenn er nicht schon Antworten empfangen hätte; er könnte nicht auf Zukunft aus sein, wenn die Zukunft ihn nicht schon zöge; er könnte nicht nach dem Ganzen trachten, wenn ihn das Ganze nicht schon triebe. Kurzum, er könnte nicht an seinem Elend leiden, wenn er nicht etwas ahnte von seiner Größe.

Wo der Mensch, wie bei Marx, einseitig als «Produzent» aufgefaßt wird, dort ist die *Angewiesenheit* als einer seiner entscheidenden Wesenszüge übersehen. Die Angewiesenheit des Menschen entspricht nicht nur einer bestimmten Stufe seiner biologischen und gesellschaftlichen Entwicklung, sondern gehört unablösbar zu seinem Humanum. Bis jetzt wenigstens hat die Geschichte es nicht widerlegt, daß die Angewiesenheit des Menschen unaufhebbar ist und nicht ein Zeichen seiner Niedrigkeit, sondern seiner besonderen Würde. Es handelt sich hier, wie die jüngste Geschichte positiv und negativ gezeigt hat und die moderne Anthropologie bestätigt, um einen «Grundzug» der menschlichen Existenz, der nicht an bestimmte patriarchalische Gesellschaftsordnungen mit entsprechenden Vaterbildern gebunden ist und daher auch nicht durch Soziologie und Sozialismus samt entsprechender Ideologiekritik widerlegt werden kann. Hier steht das Christentum mit seiner Deutung des Menschen als eines «Empfangenden» den Erkenntnissen der heutigen Humanwissenschaften näher als die marxistische Anthropologie.

Die «Weltoffenheit», welche die moderne Anthropologie dem Menschen attestiert, bezeugt, daß das «Transzendieren» ein ursprünglicher Lebensvorgang im Menschen ist. Er entspringt der Erfahrung, daß das Leben als Rechnung nicht aufgeht, daß das Leben noch mehr sein muß als das Leben, das wir täglich führen, daß dieses Leben noch nicht das Ganze sein kann, das uns versprochen ist. Diese unstillbare «Lebenserwartung» verleiht dem Wort «Leben» eine eigentümliche Doppelbödigkeit: am

Leben sein heißt nicht auch schon wirklich leben! Was diese Lebenserwartung im Menschen erzeugt und in Gang hält, ist die Sehnsucht, mehr noch die Ahnung, daß das dem Menschen Zu-stehende noch aus-steht. Diese Ahnung eines noch unabgegoltenen Versprechens läßt den Menschen über das empirisch Vorhandene immer wieder hinausgreifen und treibt ihn in ein Fragen hinein, das sich mit keiner gegebenen Antwort begnügt, sondern jede mit einer neuen Frage übersteigt.

So steckt in dem Vorwurf der Projektion selbst bereits ein Ansatz zu seiner Widerlegung: Es ist die unleugbare Tatsache, daß der Mensch auf ein Ganzes angelegt ist, daß er sich nach einer «Letzthinnigkeit» des Seins ausstreckt, die er im Transzendieren zu erreichen sucht.

Der historische Befund

4. Überlegung: Die Religion kommt nicht erst sekundär zum Menschsein des Menschen hinzu, sondern sie gehört von Anfang an zu ihm.

Die Geschichte der Menschheit ist genau umgekehrt verlaufen, wie Feuerbach, Marx und Freud behaupten. Der Mensch hat nicht ein Stück seiner selbst, seiner profanen Selbst- und Welterfahrung, abgespalten und dieses dann als ein fremdes göttliches Wesen ausgegeben. Vielmehr haben die Menschen aller alten Kulturen, soweit die prähistorische Forschung erkennen läßt, sich selbst und die Welt zuerst im Licht der von ihnen wahrgenommenen göttlichen Wirklichkeit verstanden. Das Selbstverständnis des Menschen ist also erst eine Folge und Wirkung seiner *religiösen* Erfassung der Wirklichkeit und nicht umgekehrt. Dem religiösen Erleben gebührt mithin die geschichtliche Priorität vor jeder Vorstellung des Menschen von sich selbst: «Religion kommt nicht sekundär zum Menschsein des Menschen hinzu. Vielmehr scheint Religion von Anfang an für den Menschen ebenso charakteristisch gewesen zu sein wie der Gebrauch von Feuer und Werkzeugen und die Fähigkeit zur Sprache. Ihr kommt derselbe fundamentale, die Sonderstellung des Menschen unter den höheren Tieren begründende Rang zu wie jenen anderen Merkmalen menschlichen Verhaltens.» (Wolfhart Pannenberg)

Zum Beispiel: Dem Marxismus geht es um die Freiheit des Menschen. Ohne *Freiheitsbewußtsein* aber könnte der Marxismus gar keine *Freiheit* fordern. Die Entstehung und Entwicklung des menschlichen Freiheitsbewußtseins ist jedoch religionsgeschichtlich bedingt. Es bildet eine Gabe bestimmter Religionen, insbesondere des Christentums, an die Menschheit. Erst von der jeweiligen Erfahrung göttlicher Wirklichkeit her ist Freiheit gegenüber dem Vorhandensein und die entsprechende Stufe der Verwirklichung menschlicher Personalität gewonnen worden. Aus dieser geschichtlichen Feststellung ergibt sich von selbst die Konsequenz, daß göttliche Wirklichkeit und menschliche Freiheit sich nicht so gegensätzlich zueinander verhalten, wie der moderne Atheismus behauptet.

5. Überlegung: Die geschichtliche Entwicklung hat der Religionskritik nicht recht gegeben – sie hat sie eher widerlegt als bestätigt.

Ganz gewiß hat das Christentum unter Beihilfe der Kirchen, häufig genug zugunsten der herrschenden Klassen, eine Entlastungsfunktion im negativen Sinn ausgeübt. Indem es die Menschen an die ewige Erlösung im Jenseits verwies, hat es mittelbar zur Stabilisierung ungerechter irdischer Gesellschaftsordnungen beigetragen. Muß man das Wort «Entlastungsfunktion» aber ausschließlich im negativen Sinn verstehen? Entlastung durch Religion kann zweifellos auch etwas Positives bedeuten: Indem ein Mensch durch die Religion von Schuld, Sorge, Angst und Leidensdruck entlastet wird, gewinnt er überhaupt erst Freiheit und Kraft, um Mitverantwortung für die Gesellschaft zu übernehmen und an ihrer Veränderung mitzuwirken.

Bis jetzt wenigstens hat die Abschaffung Gottes die Menschen noch nicht menschlicher gemacht, und dies war doch das übereinstimmende Ziel und die einhellige Hoffnung aller modernen Religionskritik – der neuzeitliche Atheismus versteht sich bewußt als Humanismus. Auch hat die Aufhebung der «verkehrten Welt» dort, wo sie mit Macht versucht worden ist, wie in der Sowjetunion und in anderen Ostblockstaaten, nicht, wie Marx prophezeit hatte, zum Absterben der Religion geführt. Diese unerwartete Tatsache ist es, was die Gottlosenpropaganda in den sozialistischen Ländern so sehr irritiert und sie ständig ihre Methoden revidieren läßt. Die Verfolgungen begannen mit brutalen Ausrottungsversuchen, so daß die Zahl der christlichen Märtyrer im 20. Jahrhundert höher liegt als die aller früheren Jahrhunderte zusammengenommen. Sie setzten sich dann fort mit groben und feinen Schikanen, mit handfesten Beeinflussungen und heimlichen Benachteiligungen – bis auf diesen Tag. Aber die Religion ist trotzdem nicht abgestorben!

Umgekehrt herrscht in den kapitalistischen Ländern – dort also, wo nach Marx immer noch eine «verkehrte Welt» besteht – heute in praxi kaum ein geringerer Atheismus als in den Ländern mit einer sozialistischen Gesellschaftsordnung. Hinzu kommt, daß überall, im Osten wie im Westen – trotz fortgeschrittener Aufklärung – ein Götzendienst blüht wie kaum je zuvor. Und auch ein Götze ist ein Gott!

Dies alles zeigt insgesamt, daß die Religion, und zwar ihre Entstehung wie ihre Auflösung, nicht einfach nur eine Folge der gesellschaftlichen Verhältnisse ist.

Der biblische Befund

6. Überlegung: Dieselbe Bibel, die es dem Menschen strikt verbietet, sich irgendein Bild von Gott zu machen, ist zugleich voller menschlicher Bilder und Vorstellungen von Gott.

Auf der einen Seite gilt in der Bibel das strenge Verbot: «Du sollst dir von Gott kein Bild oder Gleichnis machen.» Entsprechend geht durch die ganze Bibel eine Abweisung gegenüber jedem Versuch, Gott auf einen

Namen oder eine Vorstellung festzulegen. Als Jakob nach seinem nächtlichen Kampf mit Gott am Jabbok diesen fragt, wie er heiße, da nennt Gott ihm nicht seinen Namen, sondern er segnet ihn (Gen 32,30). Ähnlich ergeht es Mose. Als Gott ihn aus dem brennenden Dornbusch anruft und ihn beauftragt, das Volk Israel aus der Knechtschaft in Ägypten herauszuführen, da möchte Mose seinen Namen erfahren, um seinen Volksgenossen seine Gottesbegegnung glaubhaft zu machen und sich vor ihnen legitimieren zu können. Aber er erhält von Gott nur die abweisende Antwort: «Ich werde sein, der ich sein werde» (Ex 3,14; vgl. Ri 13,18). Im Judentum zur Zeit Jesu schließlich darf der Name Gottes überhaupt nicht mehr ausgesprochen werden. Dem entspricht in der Geschichte der christlichen Theologie die Tradition der «theologia negativa», die über Gott nur auszusagen wagt, was er *nicht* ist. «Nescio, nescio – ich weiß nicht, ich weiß nicht», antwortet Bernhard von Clairvaux auf alle Fragen nach Gott, und Meister Eckhart unterscheidet zwischen «Gott» und «Gottheit», wobei er unter «Gott» die unvollkommene bildhafte Vorstellung, die sich der Mensch von Gott macht, versteht, unter «Gottheit» hingegen den unnennbaren, unbeschreiblichen göttlichen Grund des Seins selbst. Die Folge ist die totale Abstraktheit der «theologia negativa». Das heißt: Die personale Begegnung mit einem konkreten Gegenüber fehlt. Nicht zufällig zeigen sich daher in der Religionsgeschichte Mystik und Atheismus häufig benachbart.

Wo immer aber eine personale Begegnung mit einem konkreten Gegenüber stattfindet, dort macht man sich auch Bilder. Und so ist die Bibel, das Buch des strikten Bilderverbots, zugleich voll von anthropomorphen – menschen-förmigen – Bildern von Gott. Man kann sich dieser Anthropomorphismen nicht dadurch entledigen, daß man sie einer niedrigeren religionsgeschichtlichen Stufe zuweist. Gerade die Propheten und Psalmisten, die eine hohe, ja teilweise die höchste Stufe alttestamentlicher Religiosität repräsentieren, reden von Gott kräftig anthropomorph.

Wie sollen Menschen von Gott auch anders reden als eben menschenförmig? Von der Begegnung zwischen Gott und Mensch können wir immer nur in Analogie zu unseren zwischenmenschlichen Beziehungen sprechen. Was beispielsweise «Liebe Gottes» heißt, müssen wir, wenn wir überhaupt verständlich davon reden wollen, am Modell der Begegnung zwischen zwei Menschen anschaulich machen. Die menschenförmige Rede von Gott ist mithin nicht nur berechtigt, sondern schlechthin unerläßlich – falls wir nicht überhaupt auf jedes Reden von Gott verzichten wollen. Aber in ihr drückt sich nicht nur der unendliche Abstand zwischen Gott und Mensch aus, sondern zugleich auch etwas von der Würde des Menschen. Es gibt in der ganzen Schöpfung kein würdigeres, überhaupt kein anderes Gefäß, um Gotteserfahrung aufzufangen, als den Menschen mit seiner Sprache und ihren Bildern.

Daß die biblischen Zeugen so vielgestaltig und farbig von Gott reden, daß sich die Bilder und Vorstellungen von Gott bei ihnen geradezu häufen, weist auf ein Dreifaches hin:

Erstens spiegelt sich darin die Lebendigkeit, Vielfalt und Fülle der göttlichen Offenbarung selbst. Gerade wer Gott nicht in ein Jenseits verbannt, sondern ihn in der Geschichte wirkend glaubt, kommt um solche Anthropomorphismen nicht herum. Der Philosoph Hans Blumenberg spricht in diesem Zusammenhang vom «physiognomischen Moment» der Religion. Wörtlich schreibt er: «Die Liebe bedarf zutiefst des Gesichtes, sie verzagt vor dem ‹physiognomisch› Unfaßbaren, vor dem, was zu ‹rein› ist, als daß es Gestalt annehmen, ‹Fleisch werden› könnte. Die Kraft der Religion liegt gerade in dem *Anthropomorphismus* Gottes, der deshalb auch der Inhalt der christlichen Inkarnation ist.»

Zweitens kommt in der Vielfalt der biblischen Gottesnamen und -bilder etwas vom Überwältigtsein der menschlichen Sprache zum Ausdruck. Wie eine Mutter für ihr Kind nicht nur *einen* Namen hat, sondern mehrere, wie Liebende sich mit immer neuen Namen nennen, wie sich in der Phantasie des Dichters die Bilder reihen, genauso geht es den biblischen Zeugen, wenn sie von Gott erzählen. Überwältigt von ihren Erfahrungen, häufen sich ihnen dann die Namen und Bilder. Gegen einen abstrakten Gott müßte man hingegen mit Heidegger einwenden: «Zu diesem Gott kann der Mensch weder beten noch kann er ihm opfern. Vor der causa sui kann der Mensch weder aus Scheu ins Knie fallen noch kann er vor diesem Gott musizieren und tanzen.»

Drittens aber bewahrt die Vielfalt der Gottesbilder den Glaubenden zugleich davor, Gott nur an einziges Bild zu heften und sich auf diese Weise nun doch ein festes Bild von Gott zu machen. Wir haben die Wahrheit Gottes immer nur in Bildern, und in keinem Bild geht sie ganz auf. Daher dürfen die Wörter und Bilder, in denen die Bibel von Gott redet, immer nur flüchtige «Entwürfe», gleichsam «Wortspiele» sein, welche die Wirklichkeit Gottes umkreisen, sie aber nicht definieren, sie wohl aber transparent werden lassen.

Aus diesem biblischen Befund ergeben sich bestimmte theologische Konsequenzen.

Der theologische Befund

7. *Überlegung: So gewiß sich die Offenbarung Gottes an Menschen wendet, so gewiß geht das menschliche Reden von Gott nicht ohne Projektionen ab.*

Gerade die biblische Offenbarung schließt partielle menschliche Projektionen nicht aus, sondern ein. Sie hat stets eine objektive und eine subjektive Seite: Als objektives Element gehört zu ihr das Handeln von seiten Gottes, als subjektives das Empfangen auf seiten des Menschen. Jesus ist darauf angewiesen, daß die Menschen sich auf die von ihm vertretene Sache Gottes einlassen – ohne sie kann er nichts tun (Mt 16,13ff; Joh 6,66f; Mk 6,5). Eines ist hier nie ohne das andere – oder es findet eben keine Offenbarung Gottes statt! Wo immer sich Göttliches offenbart, da geht es ein «ins Fleisch», d.h. in menschliche Bilder und Begriffe und in gesellschaftliche Vorstellungen und Verhältnisse. Die Aufnahme der göttlichen Offenbarung geschieht stets «secundum hominem recipientem» – gemäß dem Menschen, der sie aufnimmt. Gott stammt zwar nicht vom Menschen ab, der Mensch hat Gott nicht nach seinem Ebenbild geschaffen, aber der Mensch spiegelt sich in seinem Gottesbild wider. Gott nimmt im Menschen ein Antlitz nach des Menschen Antlitz an – aber es ist *Gott*, der das Antlitz nach dem Bild des Menschen annimmt.

Dabei läßt sich die Grenze zwischen göttlicher Offenbarung und menschlicher Vorstellung, zwischen Reflexionen und Projektionen nicht reinlich ziehen. Was im Glauben eines Menschen an Gott Reflexion Gottes und was in ihm Projektion des Menschen ist – wer will das mit Bestimmtheit sagen? Unvergleichlich hat Thomas Mann das Ineinander von Reflexion und Projektion, von Offenbaren und Empfangen, von göttlicher Zueignung und menschlicher Aneignung im Roman «Joseph und seine Brüder» am Beispiel Abrahams geschildert und damit einmal mehr bewiesen, daß die Dichter es manchmal besser sagen können als die Dogmatiker:

«So hatte Abraham Gott entdeckt aus Drang zum Höchsten... Gewissermaßen war Abraham Gottes Vater. Er hatte ihn erschaut und hervorgedacht, die mächtigen Eigenschaften, die er ihm zuschrieb, waren wohl Gottes ursprüngliches Eigentum, Abram war nicht ihr Erzeuger. Aber war er es nicht dennoch in einem gewissen Sinne, indem er sie erkannte, sie lehrte und dankend verwirklichte?...

Gott war da, und Abraham wandelte vor Ihm, in der Seele geheiligt durch Seine Außennähe. Sie waren Zwei, ein Ich und ein Du, das ebenfalls ‹Ich› sagte und zum anderen ‹Du›. Schon richtig, daß Abram die Eigenschaften Gottes mit Hilfe der eigenen Seelengröße ausmachte – ohne diese hätte er sie nicht auszumachen und zu benennen gewußt, und sie wären im Dunkel geblieben. Darum blieb Gott aber doch ein gewaltig Ich sagendes Du außer Abraham und außer der Welt. Er war im Feuer, aber nicht das Feuer – weshalb es höchst fehlerhaft gewesen wäre, dieses anzubeten... Er war auch in Abraham, der Ihn kraft Seiner erkannte. Aber ebendies verstärkte und erfüllte Urvaters Ich-Aussage, und keineswegs war dieses sein gottvoll mutiges Ich gesonnen, in Gott zu verschwinden, mit Ihm eins zu werden und nicht mehr Abraham zu sein, sondern hielt sich sehr wacker und klar Ihm gegenüber aufrecht – in ungeheurem Abstand von Ihm, gewiß, denn Abraham war nur ein Mensch, ein Erdenkloß, aber verbunden mit Ihm durch die Erkenntnis und geheiligt durch Gottes erhabenes Du- und Da-Sein. Auf solcher Grundlage hatte Gott den ewigen Bund mit Abraham geschlossen.»

Die Feststellung von Projektionen braucht also nicht unbedingt von vornherein ein atheistischer Vorwurf zu sein. Psychologisch betrachtet, weist der Gottesglaube immer Strukturen und Gehalte einer Projektion auf. Jedes Gottesbild spiegelt eine Vielfalt menschlicher Züge wider. Immer fällt der Schatten des Menschen mit auf das Bild, das er von Gott entwirft. Wie alle von uns wahrgenommene Wirklichkeit durch unseren Blick gefärbt ist, so ist es auch die Wirklichkeit Gottes. Wo der Glaube an Gott wirklich der Glaube eines lebendigen

Menschen von Fleisch und Blut ist, dort trägt er immer auch eine bestimmte Farbe. Farblosigkeit geht leicht auf Kosten der persönlichen Lebendigkeit des Glaubens. Darum sollte man auch die sogenannten «nichttheologischen Faktoren» im Glauben und in der Frömmigkeit nicht gar zu sehr verachten. Im Unterschied zum chemischen Experiment schadet der Theologie ein kleiner «Dreckeffekt» nicht. Im Gegenteil, übertriebene Besorgnis um die Sauberkeit der Gottesvorstellung ist unangebracht. Allzu «reine» Rechtgläubigkeit wird leicht steril. Größer als meine Sorge, daß wir von Gott «nur» in Bildern sprechen können, ist meine Besorgnis, daß wir uns von Gott überhaupt keine Bilder mehr machen.

Man kann dies «Lob der Projektion» jedoch nicht aussprechen, ohne sich sogleich der Gefahr bewußt zu sein, die darin steckt: Alle unsere menschlichen Vorstellungen von Gott drohen sich immer *vor* Gott zu *stellen* und den Blick auf ihn damit zu *verstellen*. Darum ist für die Gläubigen die moderne Religionskritik mit ihrem Verdacht der Projektion heilsam.

8. Überlegung: Die Möglichkeit von Projektionen schließt den Anhalt an der Wirklichkeit nicht aus, sondern ein.

Nehmen wir einmal an, ein Mensch projizierte allerlei Eigenschaften, Sehnsüchte und Erlebnisse auf seinen Vater – bedeutete dies etwa, daß es den Vater nicht gibt? Das wäre in jedem Fall ein Vorurteil. Oder nehmen wir an, ein Mensch werde sein Leben lang von einem einzigen großen Wunsch bewegt – bedeutete dies schon, daß es den Gegenstand seines Wünschens nicht gibt? Dies wäre wiederum ein Vorurteil. Von diesem Vorurteil aber leben alle Projektionstheorien, sobald sie nicht partiell bleiben, sondern universal werden. Der Gegeneinwand, daß im Fall des Gottesglaubens der Vater nur ein «geglaubter» sei, schlägt nicht durch. Er muß sich sofort die Rückfragen gefallen lassen: Könnte nicht auch der Unglaube aus bestimmten seelischen Verdrängungen kommen? Könnte nicht auch die Ablehnung der Religion nur die Reaktion auf bestimmte Kindheitserlebnisse, auf pädagogische Fehlleistungen der Eltern und Erzieher bedeuten? Könnte nicht auch der Atheismus nur eine infantile Projektion sein, nämlich die Spiegelung des Wunsches, den eigenen Vater loszuwerden? Einwand, Gegeneinwand und neue Rückfrage beweisen, daß sich über die Wahrheit des Gottesglaubens mit psychologischen Mitteln nicht entscheiden läßt. Hier dreht sich die Argumentation im Kreis. Wie die Entscheidung über die Wahrheit nicht im historischen Zirkel fällt, so auch nicht im psychologischen.

Wohl können Psychologie, Soziologie und Philosophie einzelne Züge des Gottesglaubens als partielle Projektionen erklären und kritisieren, sie können aber nicht die Gotteserfahrung als ganze auslöschen. Sie müssen sie zunächst, wie jede andere menschliche Erfahrung, als ein unmittelbares Phänomen anerkennen. Und auch wenn sie den göttlichen Partner dieser Erfahrung dann als eine Projektion und damit die ganze Erfahrung selbst als eine Illusion erklären, weil es zu einem illusorischen Partner nun einmal keine reale Beziehung gibt – so bleibt diese

Erfahrung dennoch, wenn auch zur Illusion degradiert, als ein Phänomen bestehen und verlangt aufs neue nach Deutung. Dann aber taucht die Frage auf, ob die Projektionshypothesen, gleichgültig von welcher Herkunft und Methode, ihrerseits dem Phänomen der religiösen Wahrnehmung gerecht werden.

Wie kommt der Mensch überhaupt dazu, zu projizieren?

Jede Projektion ist immer eine Projektion *auf* etwas, auf einen Bildschirm oder eine Wand, die sie empfangen. Damit will ich nicht, das physikalische Bild von der Projektion mir apologetisch zunutze machend, die Existenz einer jenseitigen, übernatürlichen Welt retten. Ich will aber darauf hinweisen, daß es eine Sphäre des Unbedingten gibt: das Fragen nach einem letzten unbedingten Sinn, das selbst nicht mehr hinterfragt werden kann, die unmittelbare Erfahrung einer «Letzthinnigkeit» alles Lebens und Seins, die nicht mehr als Projektion erklärt werden kann, vielmehr selbst die Voraussetzung für alle Projektionen bildet.

Für den christlichen Glauben gründet die «Lust zum Projizieren» in der Transzendenzbereitschaft des Menschen, und diese wiederum hat ihren Grund darin, daß Gott den Menschen nach seinem Ebenbild geschaffen hat (Gen 1,27). Nur darum ist der Mensch überhaupt fähig, Bilder von Gott zu entwerfen, die einige Aussicht auf Analogie besitzen. Augustin hat diesen theologischen Sachverhalt – nach wie vor unübertroffen – so ausgedrückt: «Tu nos fecisti ad te, et cor nostrum inquietum est, donec requiescat in te – Du hast uns auf Dich hin geschaffen, und unser Herz ist unruhig, bis es Ruhe findet in Dir.» Bildhaft spiegelt sich derselbe Sachverhalt im Gleichnis vom verlorenen Sohn wider: Dieser lebt auch in der Fremde noch vom Erbe des Vaters und könnte gar nicht auf den Gedanken der Umkehr kommen, wenn er sich nicht auch in der Fremde noch an das Vaterhaus erinnerte.

Die positive Tatsache, daß der Mensch auf Transzendenz angelegt ist und sich in Projektionen danach ausstreckt, läßt sich stützen durch den Hinweis auf die negativen Folgen, die beim Ausfall solchen Transzendenzbezuges samt entsprechenden Erfahrungen eintreten.

Es ist heute üblich, alle möglichen Bewußtseinszustände psychoanalytisch als «Verdrängung» zu erklären. Warum könnte nicht auch der vielberufene, zuweilen sogar stolz verkündete Transzendenzverlust des modernen Menschen nur ein solcher Verdrängungsvorgang sein? Könnten Schwermut, Öde, Angst und Langeweile des Lebens, aber auch rastlose Arbeitswut und unersättliche Genußsucht nicht daher rühren, daß der Mensch das ihm eingestiftete Verlangen nach dem Absoluten entweder vergessen oder bewußt in sich unterdrückt hat und solche Unterdrückung sich nun seelisch oder sogar leiblich an ihm rächt? Hier kann der Psychotherapeut den Theologen lehren. Er kann aus seiner Praxis Beispiele dafür anführen, wie jemand, der die Sinnfrage nicht mehr stellt und den darin zum Ausdruck kommenden Transzendenzbezug des Menschen abschneidet, häufig Neurosen entwickelt und sich infolge davon in Ersatzbefriedigungen wie Sex, Geltungssucht und Rauschgift flüchtet.

Lebt nicht selbst die Behauptung, daß das Leben sinnlos sei, noch heimlich von dem Verlangen nach einem Sinn? Ist nicht sogar der Selbstmord noch eine Demonstration, ein letzter, verzweifelter Protest dafür, daß doch eigentlich Sinn sein sollte? Und schließlich: Warum können so viele Atheisten ihre Behauptung, daß kein Gott sei, nur so selten ruhig und sachlich aussprechen? Warum müssen sie gegen Gott noch ankämpfen, wenn es für sie doch gar keinen Gott mehr gibt?

Alle diese Beobachtungen lehren, daß der Mensch, ob er will oder nicht, in nächster Nachbarschaft zum Absoluten siedelt, Wand an Wand mit dem Ewigen, und daß er durch diese Nähe beunruhigt wird – es sei denn, er unterdrücke diese Unruhe mit Gewalt oder stille sie mit «tröstenden Umdeutungen» (Thielicke). Aber so oder so, die andrängende Transzendenz bleibt und mit ihr die Fragen, die sie stellt. Wo sich der Mensch diesen Fragen verschließt, dort hört die Transzendenz nicht auf zu bestehen, aber man muß fragen, ob der Mensch dort nicht aufhört, Mensch zu sein.

Mit alldem bleibt die Situation zwischen dem Atheismus und dem Gottesglauben offen. Die Tatsache, daß der Mensch projiziert und sich in solchem Projizieren selber transzendiert, darf weder als ein Beweis *für* noch *gegen* die Existenz Gottes genommen werden. Der Atheist verfügt über gute Gründe. Jeder Blick in die Welt ringsum bestätigt, daß er Anhalt an der Wirklichkeit hat. Nein zu Gott zu sagen, ist immer möglich. Umgekehrt aber hat auch der Gottesglaube gute Gründe und damit einen Anhalt an der Wirklichkeit der Welt. Auf jeden Fall haben Christen und Atheisten die gleiche Beweislast zu tragen. Ich empfinde es immer als eine intellektuelle Unredlichkeit, wenn man vom Gottesglauben eine größere Beweiskraft verlangt als vom Atheismus oder wenn gar der Atheist nur vom Gottesglauben eine rationale Begründung fordert, sich selbst aber überhaupt nicht mehr rational rechtfertigen zu müssen meint.

Auch Karl Marx' Gesellschaftsutopie ist am Ende eine unbewiesene Projektion, nur nicht nach oben an den Himmel, sondern nach vorn in die Zukunft. Auch Karl Marx transzendiert den gegenwärtigen Menschen. Aber aus welchem rationalen Grund wird ihm der Mensch zum «höchsten Wesen» für den Menschen? Was gibt ihm das Recht zu seinem Vertrauen in den Gang der Menschheitsgeschichte? Woher nimmt er die Gewißheit, daß das Gute am Ende siegen werde, angesichts so vieler Niederlagen des Guten und so vieler Siege des Bösen in der Weltgeschichte? Seine Projektion des Menschen in die Zukunft ist der Ausdruck eines unbegründeten Vertrauens.

Wer an Gott glaubt, hat eine Wahl getroffen; und wer nicht an Gott glaubt, hat es gleichfalls getan. Jeder von beiden hat zwischen zwei möglichen Weltorientierungen gewählt. Ob der Glaube mit seiner theistischen Weltdeutung oder der Unglaube mit seiner atheistischen recht hat, muß sich im Wettbewerb zwischen beiden erweisen. Auf jeden Fall kann sich auch der Atheist nicht nur auf eine rationale Begründung seines Unglaubens berufen. Auch er trifft, wie der Christ, eine Entscheidung, die auf das Ganze geht und das Leben wagt. Glaube und Unglaube – beide gehen in jedem Fall ein Risiko ein.

9. Überlegung: Der Vorwurf der Projektion fordert und ermöglicht die Säuberung der menschlichen Vorstellungen von Gott.

Im Grunde haben Feuerbach, Marx und Freud mit ihrer Religionskritik der Theologie einen Dienst erwiesen. Sie haben sie dazu angehalten, das erste und zweite Gebot: sich neben Gott keine anderen Götter und von Gott selbst keine Bilder und Gleichnisse zu machen – strenger zu beachten als zuvor. Dadurch hat eine Art theologischer Hygiene stattgefunden, indem zahlreiche erstarrte, ja falsche menschliche Vorstellungen von Gott zerstört und der Glaube an Gott von Pseudoelementen gereinigt wurde. Immer wieder droht ja das Bild Gottes von den Interessen der Gläubigen geprägt und überlagert zu werden. Weil die Bauern am guten Wetter interessiert waren, wurde Gott für sie zum Wettergott; weil die Soldaten sich den Sieg wünschten, riefen sie Gott als den Herrn der Heerscharen an; weil die Herrschaftsträger ihre Macht zu stabilisieren trachteten, beriefen sie sich auf Gott als den Hüter der Ordnung; weil die Besitzenden ihren Besitz behalten wollten, nannten sie Gott den Geber aller guten Gaben; weil die Armen und Unterdrückten sich nach Gerechtigkeit und Freiheit sehnten, verwandelte sich ihnen das Reich Gottes in die klassenlose Gesellschaft. So sucht ein jeder unbewußt sein eigenes Suppentöpfchen auf dem Feuer des göttlichen Altars mitzukochen. Wenn nun die Soziologie die Religion einer gesellschaftlichen Gruppe als die Spiegelung ihrer ökonomischen Verhältnisse aufdeckt oder wenn die Psychoanalyse den Glauben eines Menschen als die Projektion seiner infantilen Vater- bzw. Muttervorstellungen enthüllt, dann kann der intellektuell redliche Christ dies nur begrüßen. Ein Glaube, der sich soziologisch oder psychologisch weganalysieren läßt, hat sich eben damit als Pseudoglaube erwiesen.

Nachdem Gott uns allzu bekannt, fast ein «guter Bekannter» geworden ist, scheint es mir an der Zeit, jene andere durch die ganze Bibel sich ziehende Linie erneut zu betonen: das Unbekannt- und Unbenanntbleiben Gottes trotz allen Bekannt- und Benanntseins, seine Unfaßlichkeit in Vorstellungen und seine Unbegreiflichkeit in Begriffen, seine Verborgenheit in aller Offenbarung, den Abgrund in allem Grund, die Gottheit in Gott. Die Warnung vor Projektionen erinnert uns daran, daß alle unsere menschlichen Bilder, Begriffe und Vorstellungen von Gott immer nur Symbole und Chiffren sind, unzureichend und flüchtig. Der Umgang mit ihnen gleicht dem Sprung von einer Eisscholle auf die andere; zu langes Verweilen führt zum Tod – nicht zum Tod Gottes, wohl aber der Gottesvorstellung.

Gegen die Gefahr einer Projektion menschlicher Wünsche an den Himmel, gegen jede Religion eines glücklichen Bewußtseins, steht in der Bibel die Forderung einer gründlichen Sinnesänderung des Menschen. Dem Auszug Gottes aus dem Himmel, seiner Bewegung von oben nach unten, hat ein ebensolcher Auszug des

Menschen zu entsprechen. Wie Gott in Jesus von Nazaret aus dem Himmel zum Menschen ausgezogen ist, so müssen auch die, die an Gott glauben, immer wieder aus ihren himmlischen Bildern von Gott ausziehen und sich der Wirklichkeit der Welt zuwenden, um Gott in ihr zu begegnen und zu bezeugen.

10. Überlegung: Die entscheidende Antwort auf die Herausforderung durch die moderne Religionskritik besteht darin, daß die Theologie sich bemüht, den Glauben an Gott in der Wirklichkeit der Welt zu bewahrheiten und auf diese Weise den Verdacht der Projektion durch Verifikation zu entkräften.

Angesichts des drohenden Projektionsverdachts kann die Theologie ihre Aussagen über Gott nicht mehr einfach autoritativ behaupten oder emphatisch beteuern, sondern sie muß sie sachlich bewahrheiten und begründen. Dies kann sie nur so tun, daß sie – in ständigem Wettstreit mit anderen Angeboten eines totalen Sinns – zu zeigen versucht, inwiefern der Glaube an Gott als die alles bestimmende Wirklichkeit dem Menschen die Wirklichkeit seines Lebens in der Welt sinnvoll erschließt und bestehen hilft.

«Offenbarung Gottes» bedeutet nicht, daß ein räumlich überweltlicher, bislang unbekannter, abwesender Gott von außen oder oben her in die Welt «einbricht», wie eine pompöse theologische Sprache es gern ausdrückt, sondern daß der in dieser Welt schon immer anwesende Gott sich zu erkennen gibt. Für die Gotteserfahrung des Menschen folgt daraus, daß er Gott der Welt nicht erst von außen «beibringen», sondern daß er ihn in ihr entdecken muß. Es findet keine Addition zweier Welten, sondern *eine Definition dieser Welt* statt: Gotteserfahrung heißt nicht, daß zu der sichtbar erfahrenen Wirklichkeit der Welt noch eine andere, zusätzliche Wirklichkeit hinzugefügt, sondern daß nur eine andere tiefere Dimension der allgemein erfahrenen Weltwirklichkeit erschlossen wird. Der Glaube deckt die Wirklichkeit der Welt nicht mit Gott wie mit einem religiösen Schaumteppich zu, sondern er legt sie als Wirklichkeit Gottes offen: daß sie Gottes Welt ist und immer mehr werden soll.

Die Aufgabe der Theologie hat mithin in dem immer unvollkommen bleibenden, nie ans Ende gelangenden Bemühen zu bestehen, die Wirklichkeit Gottes in der Wirklichkeit der Welt zu erweisen, nicht um den Glauben an Gott auf diese Weise zu demonstrieren, wohl aber, um ihn zu konkretisieren. Die Sache mit Gott gibt es für uns nur noch in den Tatsachen der Geschichte. Wahrnehmung des Namens Gottes ist für uns nur in der Wahrnehmung von Welt möglich.

Auch eine zeitgenössische christliche Erfahrungstheologie vermag heute als Antwort auf die Herausforderung durch die moderne Religionskritik nicht mehr zu tun, als was der jüdische Religionsphilosoph Martin Buber für seine Arbeit einmal so beschrieben hat: «Ich zeuge für Erfahrung und appelliere an Erfahrung... Ich sage zu dem, der mich hört: ‹Es ist deine Erfahrung. Besinne dich auf sie, und worauf du dich nicht besinnen kannst, wage, es als Erfahrung zu erlangen.› ... Ich habe keine Lehre. Ich zeige nur etwas. Ich zeige etwas an der Wirklichkeit, was nicht oder zu wenig gesehen worden ist. Ich nehme ihn, der mir zuhört, an der Hand und führe ihn zum Fenster. Ich stoße das Fenster auf und zeige hinaus. Ich habe keine Lehre, aber ich führe ein Gespräch.»

Mit solchem Bemühen um weltliche Konkretion möchte christliche Erfahrungstheologie dem Glauben an den unsichtbaren und daher als menschliche Projektion verdächtigten Gott dadurch Überzeugungskraft verschaffen, daß sie seine Relevanz an der Wirklichkeit der Welt «ersichtlich» macht: wo und inwiefern Gott für den Menschen in seinem Leben «in Betracht kommt». Solche Bewahrheitung des christlichen Glaubens ist dort ans Ziel gelangt, wo es ihr gelingt, einem Menschen neue «Einsichten» zu vermitteln, und diesem darüber die Augen aufgehen und er ausruft: «Ich glaube, Herr, hilf meinem Unglauben!» oder in neuerem theologischem Jargon: «Donner ja, das stimmt!» oder auch ganz einfach: «Aha!» Jedes Aha-Erlebnis solcher Art entkräftet durch Verifikation den Verdacht der Projektion.

Der human-gesellschaftliche Befund

11. Überlegung: In der Auseinandersetzung zwischen Gottesglaube und Atheismus entscheidet sich Recht oder Unrecht des Redens von Gott am Verständnis des Menschen, daran, was der Glaube an Gott für die Menschlichkeit des Menschen austrägt.

Christlicher Glaube muß das Humanum, wie er es an dem Verkündigen und Verhalten Jesu von Nazaret wahrnimmt, kraft menschlicher Vernunft in säkulare Humanität umsetzen. Dabei führt der Weg zu einer menschlicheren Gesellschaft hindurch zwischen einer unmenschlichen Gnade einerseits und einer gnadenlosen Menschlichkeit andererseits.

Als *gnadenlose Menschlichkeit* bezeichne ich es, wenn man die «reine» Menschlichkeit zum Planziel einer idealen Gesellschaftsordnung macht und solchen Entwurf dann gnadenlos, auf Kosten der Menschen, durchsetzt, aus Liebe zur ganzen Menschheit jeden hassend, womöglich tötend, der dieses Ideal einer vollkommenen Gesellschaft nicht teilt. Diese gnadenlose Menschlichkeit hat ihre Wurzel in der Selbstgerechtigkeit des Menschen, die mit dem Verdacht der Projektion gegen andere so häufig einhergeht. Wo man sich selbst für gerecht und seine eigene Sache für die einzig gute hält, dort werden alle, die eine andere Sache oder auch nur dieselbe Sache anders vertreten, aus politischen Gegnern zu Sündern – und Sünder müssen bestraft werden, früher von Gott, heute von der Gesellschaft. Und so beginnt jeder «radikale» Humanismus, für den der Mensch nicht nur das höchste Wesen, sondern selbst auch die Wurzel des Menschen ist, mit einem Strafgericht der bisher Ausgebeuteten und Beherrschten über ihre bisherigen Herrscher und Ausbeuter und endet mit einem totalitär-bürokratischen Regime und damit in einer totalen Inhumanität.

Gegenüber solcher gnadenloser Menschlichkeit hat christliche Anthropologie sich dadurch rational zu bewahrheiten und sozial zu bewähren, daß sie auf den Riß hinweist, der sich durch alles Sein zieht; daß sie die Ecken und Winkel der technisch-wissenschaftlichen Welt und ihrer sozialen Riesenbauten nach vergessenen menschlichen Problemen ausleuchtet; daß sie die Fragen wachhält, die auf das Ganze gehen und die Person betreffen; daß sie an die Fundamente erinnert, auf denen der Mensch steht und die er sich selbst immer wieder untergräbt; daß sie die Sinnfrage stellt und das Leid und den Tod dabei nicht zudeckt; daß sie alle Welt- und Menschenbilder offenhält, damit kein System den Schlußstein im Weltgebäude setzt und den Menschen darin einmauert.

Als *unmenschliche Gnade* bezeichne ich es, wenn man Jesu Botschaft von der Gnade Gottes für alle Menschen rein im Abstrakten, Privaten beläßt und daraus keinerlei Konsequenzen für das Zusammenleben der Menschen, mithin für die Ordnung der Gesellschaft zieht oder doch nur geringfügige, mehr als Alibi denn aus Liebe. Die Folge solcher unmenschlichen, lieblosen Gnade ist, daß man nur um so gnadenloser vom Staat die Durchsetzung von «Gesetz und Ordnung» in der Welt verlangt und sich so vor den Folgen der göttlichen Gnade durch menschliche Gnadenlosigkeit zu schützen sucht.

12. Überlegung: Die Christen haben die Welt nicht nur im Sinne Jesu von Nazaret theologisch zu interpretieren, sie haben sie auch sozial zu verändern.

Das entscheidende Wesensmerkmal des von Jesus geglaubten und verkündeten Gottes besteht darin, daß dieser Gott sich unendlich für die Menschen interessiert, daß er kein himmlischer, sondern ein menschlicher Gott ist – der Deus humanissimus der Religionsgeschichte. Daraus folgt für die Christen, daß sie in der Gesellschaft tätig werden müssen, und zwar nicht erst an ihrem Rand, um dort die im Lebenskampf Unterlegenen, die Versehrten und Gefallenen, die sogenannten «Asozialen», einzusammeln und sie entweder ehrenvoll zu bestatten oder sie zu verbinden und alsbald in den Kampf zurückzuführen, sondern bereits in ihrer Mitte, um die gesellschaftlichen Verhältnisse, wenn sie menschlich sind, bewahren, wenn sie unmenschlich sind, verändern zu helfen. Die überzeugendste Antwort auf jedweden Projektionsverdacht ist die *Anstiftung zum Christentum in der Gesellschaft* – in der Hoffnung auf eine menschlichere Welt.

Die marxistische These, daß die Religion ein gefügiges Werkzeug in den Händen der Herrschenden sei, um ihre Unterdrückung zu legitimieren und zu stabilisieren, ist heute zum Teil widerlegt. Sie ist gleich von zwei Seiten aufgebrochen: Während Christen in der ganzen Welt zu Anstiftern und Parteigängern von Befreiungs- und Friedensbewegungen geworden sind, erweisen sich atheistische Staaten und gesellschaftliche Systeme gleichzeitig als Unterdrücker der Menschenrechte und derer, die sich für sie einsetzen.

Der Verdacht der modernen Religionskritik, daß aller Glaube des Menschen an Gott nur ein Entwurf seiner menschlichen Wünsche an den Himmel sei, stammt, wie wir eingangs sahen, aus der Sorge um die irdische Wirklichkeit. Wo die Theologie aber nun den Glauben an Gott an eben dieser irdischen Wirklichkeit als wahr erweist, dort bewahrheitet sie Gott selbst als eine Wirklichkeit inmitten aller irdischen Wirklichkeit. Ja, mehr noch, dort erweist sie eben diese irdische Wirklichkeit der Welt, in der wir leben, als Wirklichkeit Gottes und damit überhaupt erst als wahre Wirklichkeit. Denn dort werden Erde, Mensch und Welt zu ihrer göttlichen Bestimmung gebracht, damit sie werden, was sie von ihrem Ursprung her sind: Erde, Menschen, Welt – mit einem Worte: Gottes gute Schöpfung.